香港國際詩歌之夜 *2015*
INTERNATIONAL POETRY NIGHTS IN HONG KONG

編輯 Editors

北島 Bei Dao

陳嘉恩 Shelby K. Y. Chan

方梓勳 Gilbert C. F. Fong

柯夏智 Lucas Klein

馬德松 Christopher Mattison

宋子江 Chris Song

目錄 Contents

揚‧米歇爾‧埃斯比達列
Jean-Michel Espitallier

Make war not war
(comment j'ai raté la guerre)

> « Je vois les yeux qui ont vu l'Empereur. »
> Roland Barthes

Pellicules, indices, petits récits.
Toujours là et toujours absente.
… les films de René Vautier, la gare de l'Est, la
Jeanne-d'Arc d'Heller, Otto Dix, le grondement des
bombardiers américains survolant la France pendant
la première guerre du Golfe, une peinture de Zeno
Diemer représentant deux zeppelins accrochés
par des projecteurs sur les côtes anglaises en 1915,
les blindés Solido à chenillettes métal (AMX-13
bitubes, Tigre, Jagpanther), *Voyage au bout de l'enfer*,
la « Sonnerie aux morts » dans le silence des 11
Novembre, Timisoara à la télévision, les impacts de
balles sur la cathédrale de Dunkerque, les impacts
de balles sur le Sacré-Cœur, les impacts de balles
dans le no man's land de Nicosie, *Nord*, les véhicules
militaires Dinky Toys, le portrait de Jean Moulin

« à l'écharpe », les premiers témoignages du génocide des Khmers rouges, Ratko Mladic à la télévision, les soldats Airfix, le 11ᵉ BCA, *Lili Marlène*, les cris d'une femme, à la radio, après un attentat de l'OAS, la guerre du Liban à la télévision, « la guerre de 39—la guerre de 39–40—l'Occupation—la guerre—la guerre de 40—39–40—la dernière guerre », les *Feuillets d'Hypnos*, les anciens d'Indo, l'odeur du treillis, les promenades dominicales au fort de Roche-Lacroix, la tranchée des baïonnettes avec mes parents, *Tombeau pour 500 000 soldats*, les douilles d'obus en cuivre cintrées et ouvragées que ma grand-mère utilisait comme pots de fleurs, le drapeau tricolore, *Shoah, Les Sentiers de la gloire*, les wagons à bestiaux, *Tora ! Tora ! Tora !*, Christian Boltanski, la batterie antiaérienne sur le toit de mon hôtel à Bagdad, mon professeur d'histoire, déporté à Dachau, qui nous avait apporté sa tenue rayée, les gueules cassées, un fort Vauban au bord de la route, le brassard FFI de mon père, les images du Biafra dans *Paris-Match*, le procès Eichmann, la voisine de mes parents qui me faisait écouter de la musique militaire, le plateau du Vercors, « la guerre est la continuation de la politique par d'autres moyens », *La Grande Vadrouille*, les histoires de parachutages, l'hôtel Lutétia, les images du Vietnam dans *Woodstock* (« give me an F, give me a U... »), les impacts de balles sur les casernes désaffectées de La Condamine, le 8 mai devenu férié sous Giscard, le dépôt de gerbe au monument aux morts, les rangées de chars d'assaut rouillés dans la banlieue de Bagdad, un casque de poilu, *Le Pont de la rivière Kwaï*, le fort de Saint-Vincent-les-Forts où a été interné Jean Giono en 1944, le checkpoint à Nicosie, ma mère racontant qu'elle avait vu passer le wagon blindé de Göring à Bordighera, « Le Déserteur », le général de Gaulle en uniforme de général, *Apocalypse Now*, « La Guerre » en une de *Libération* lors du déclenchement de la guerre du Golfe, *Johnny got his gun*, les harkis dans des tentes, la 22 long rifle douze coups automatiques qu'un mercenaire, retour du Katanga, voulait vendre à mon père, Drancy, les petits portraits en médaillon des morts pour la France sur certaines tombes du cimetière, la visite du camp de Matthausen en Autriche, *La Question*, les guerres indiennes dans les westerns, « L'appel du 18 Juin » affiché dans ma salle de classe, les hélicoptères transports de troupe en forme de bananes, « Le Chant des partisans », mon tank Joustra, les plaques dans les rues de Paris à la mémoire des résistants tués à la Libération, l'Intifada à la télévision, l'Angola à la télévision, mon oncle Jean se souvenant des deux résistants pendus par les Allemands, place Masséna, à Nice, ma mère à vingt ans sur les chars des Américains (chewing-gum et Craven A), « Entre ici, Jean Moulin, avec ton terrible cortège », Goya, *Kapo*, la gare d'Arenc, l'ossuaire de Douaumont, les surplus militaires, l'entrée des troupes serbes dans Srebrenica en direct à la radio, *Les Hommes contre*, mon poster de Che

Guevara, les GMC, des tickets de rationnement conservés par ma mère, *Sunday Bloody Sunday*, « Radio Paris ment/Radio Paris est allemand », la chute de Saigon et l'image des hélicoptères sur le toit de l'ambassade US, la forêt de Rethondes avec mes parents, *La Bataille du rail*, le Rwanda à la télévision, les blockhaus italiens sur la route de Cuneo, les topinambours et les rutabagas, « Fabrice à Waterloo », les avions Starfix (Lightning, Mig 21, Stuka, Hawker Typhoon, Dornier), Georges Béraud défiguré par une grenade, Léopold Occelli au STO en Allemagne, le cousin Félix tué devant Stuttgart à la fin du mois d'avril 1945, Marie Ponza blessée par balle alors qu'elle ravitaillait les maquis, Léo Michel racontant la prise de Monte Cassino avec les Goums, la guerre des Malouines à la télévision et la fin du *Sheffield* frappé par un Exocet en une de *Libération*, les Forces françaises en Allemagne, le fil de fer barbelé, *Refus d'obéissance*, Sarajevo et le retour du mot *snipers*, le Vietnam (napalm, Rauschenberg, défoliants), avoir été le contemporain de Franco, *Un pont trop loin*, les rumeurs sur les anciens collaborateurs, *La 317ᵉ section*, quelques cartes postales de « villages détruits » de la Première Guerre mondiale, le jeu du Risk, les alignements de croix blanches des cimetières américains en Normandie, *La Destruction des Juifs d'Europe* de Raul Hilberg, Loulou Boisramé tué à côté de mon père lors de la libération de Gap, les images du bombardement du marché de Sarajevo, « War. Comprehensive coverage » (*Los Angeles Times*, avril 2003), le brouillage des messages personnels dans les films sur l'Occupation, les témoignages de Sabra et Chatila, tante Hélène à qui l'on donna un bureau de tabac en tant que veuve de guerre, les Scud sur Israël à la télévision, la Maison du poilu, *Sandinista*, les boat people, la petite croix de Lorraine que portait ma mère à l'intérieur de son veston pendant l'Occupation, un voisin devenu sourd parce qu'il avait été artilleur en Indochine, *La Débâcle*, « l'équilibre de la terreur », la Tchétchénie à la télévision, « Les sanglots longs des violons de l'automne », le casque bleu « UN » de Jo, retour du Liban, les soldats Starlux, la plaque apposée sur un mur de mon lycée à la mémoire de plusieurs résistants fusillés, le débarquement américain en Somalie en direct à la télévision, l'oreille de mon père entaillée par une balle allemande, « War is over », *Orages d'acier*, les appelés d'Algérie, le MAS-36 transformé de mon père, *Nuit et brouillard*, Ground Zero...

Pellicules, indices, petits récits.

Jamais pas là jamais là.

要戰爭，不要戰爭
（我是怎樣錯過了戰爭）

> 「我看到一雙曾經見過拿破崙皇帝的眼睛。」
> ——羅蘭·巴特

膠片，線索，小故事
始終在場卻永遠缺席。

……勒內·弗提耶的電影，巴黎東站，Heller 的聖女貞德號戰艦，奧托迪·克斯，第一次海灣戰爭時美軍轟炸的隆隆聲響徹法國上空，澤諾·迪耶美的一副油畫，畫上是 1915 年的英國海岸，探照燈下的兩艘齊泊林飛艇並肩飛行，鐵鍊的 Solido 坦克(AMX-13 雙炮管坦克、虎式坦克、獵豹式坦克)，電影《獵鹿人》，11 月 11 日紀念戰爭犧牲者時，一片寂靜中響起的法國軍號，蒂米什瓦拉上了電視，敦克爾克大教堂和巴黎聖心殿的彈痕，無人之境尼古西亞的彈痕，《北方》，玩具軍車，讓·穆蘭戴著圍巾和禮帽的頭像，赤棉大屠殺的早期罪證，拉特科·姆拉迪奇上電視，塑膠模型士兵，法國阿爾卑斯山地作戰部隊第 11 營，《莉莉·馬蓮》，秘密軍隊組織的襲擊後一個女人在電臺裏的喊叫聲，電視上黎巴嫩戰爭的畫面，「1939年的戰爭，1939至1940年的戰爭，佔領時期，戰爭，1940年的戰爭，1939至1940年的戰爭，最後的戰爭」，《伊普諾斯的書頁》，越南的法國老兵，粗麻布的氣味，星期天和我的父母在羅什—拉克拉堡壘散步，刺刀戰壕，《50萬士兵的墳墓》，流線型的銅炮彈殼，我的祖母用它們來種花，三色旗，《納粹大屠殺》，電影《光榮之路》，運送牲畜的火車，日本片《虎虎虎》，克利斯蒂安·波爾坦斯基，地對空排炮飛躍我在巴格達的旅店，我的歷史老師，達濠集中營的倖存者，給我們看他的條形囚服，老兵的壞馬克杯，路旁的沃邦軍事堡壘，我父親的FFI（法國內部抵抗力量）的三色臂章，巴黎《競賽畫報》上比亞法拉共和國的畫面，埃希曼受審判，兒時給我聽軍樂的鄰居，維爾科爾高地，「戰爭是政治的繼續，只是方式不同。」，法國電影《虎口脫險》空降兵的場面，魯特西亞酒店，伍德斯托克中越南的畫面（「give me an F，give me a U...」），孔達米訥廢棄營房上的彈痕，季斯卡總統時代五月8日成為假日，在紀念死者的建築前放花，一排排生銹的坦克橫在巴格達的郊外，一頂老式法軍頭盔，《桂河大橋》，1944年關押讓·吉亞諾的聖萬森雷弗堡壘，尼古西亞的哨站，我母親說她曾經在波爾蒂蓋拉親眼看見戈林封閉的火車車廂，反戰歌曲〈逃兵〉，身著戎裝的戴高樂將軍，《現代啟示錄》，海灣戰爭爆發時「戰爭」二字成為《自由報》的頭條，電影《無語問蒼天》，帳篷下阿爾及利亞的法國軍人，一個從剛果加丹加回來的外國兵，想把他的一把22寸口徑12發自動來福槍賣給我的父親，德朗西公墓，墓碑上烈士們的圓形頭像章，參觀奧地利毛特豪森集中營，《問題》，美國西部的印第安戰爭，我的教室裏貼著戴高樂〈六月18日的召喚〉，運送軍隊的直升機組成彎月的形狀，〈擁護者之歌〉，我的玩具坦克，為紀念法國解放運動中的被殺者，在巴黎街頭的紀念牌，巴以衝突中的反對派上了電視，安哥拉上了電視，我的叔叔讓記得，兩個抵抗運動者被德國人吊死在尼斯的馬塞納廣場，我母親二十歲時爬上了美國人的坦克（口香糖和克萊文A牌香煙），「進來吧，讓·穆蘭，還有你厲害的同伴們。」高亞，《卡波》，阿蘭可火車站，杜奧蒙骸骨堆，軍裝，廣播直播塞爾維亞軍隊進入斯雷佈雷尼察，電影《寸土必爭》，我的切格瓦拉海報，GMC卡車，我母親保留的戰時配給票，《血紅的星期天》，「巴黎的廣播在說謊／巴黎的廣播是德國人的」，西貢淪陷，美國大使館屋頂上的直升機，和我父母在雷通代森林，《鐵軌之戰》，盧旺達上了電視，庫內奧路旁的義大利碉堡，鬼子姜和甘藍，「布里斯在滑鐵盧」，Starfix飛機（Lightning，Mig 21，Stuka，Hawker Typhoon，Dornier），被手榴彈破了相的喬治·貝戶，萊奧坡德·歐塞利在德國被強制勞動，1945年四月底，表兄菲利克斯在斯圖加特被殺，瑪麗·彭匝給遊擊隊送食物的時候中槍負傷，萊歐·蜜雪兒講述和摩洛哥士兵的卡西諾戰役，馬島戰爭上了電視，謝菲爾德被飛魚反艦導彈打擊的畫面上了《自由報》頭條，法國軍隊在德國，鐵絲網，《拒絕服從》，塞拉耶佛和「狙擊手」這個詞的再次出現，越南（凝固汽油彈，羅斯申伯格，橙劑）曾經是法國的現代藝術，電影《奪橋遺恨》，關於與德國合作者的種種謠言，電影《第317分部》，幾張一戰〈摧毀的村莊〉明信片，戰爭軍棋，諾曼第美軍公墓一排排整齊的十字架，勞爾·希爾伯格寫的《歐洲猶太人的毀滅》，解放嘉普時，露露·博阿斯拉米在我父親身邊被殺，塞拉耶佛市場區被轟炸的畫面，〈戰爭保險賠償金〉（《洛杉磯時報》，2003年四月），在關於德國佔領法國的那些電影中，個人表達的干擾，薩布拉和莎緹拉的證言，大家把煙鋪給了艾蓮娜嬸嬸，因為她是戰爭寡婦，以色列飛毛腿導彈上了電視，la Maison du poilu，《桑地諾民族解放陣線》，越南船民，法國被佔領時期，我母親在衣服內裏佩戴的抵抗運動洛林十字，一個鄰居從越南當炮兵回來，耳朵聾了，左拉的《崩潰》，「冷戰的恐怖均勢」，車臣共和國上了電視，「秋天的小提琴悠長的嗚咽聲」，從黎巴嫩回來的Jo，有一頂聯合國維和部隊藍色頭盔，玩具士兵，我的高中校園牆上，有一塊紀念被槍殺的抵抗者的牌子，美國軍隊進入索馬里的畫面在電視上直播，我父親的一隻耳朵被德國人的子彈削去了一塊，「戰爭結束了」，《鋼暴雨》，阿爾及利亞的入伍青年，我父親改裝過的MAS-36步槍，《夜與霧》，Ground Zero……
膠片，線索，小故事
永遠不在，不在。

(黃瑩雪　譯)

Make war not war
(how I missed war)

> "I see the eyes that have seen the Emperor."
> Roland Barthes

Celluloid, clues, little stories.
Always there and always absent.

...the films of René Vautier, the East Station, the Heller *Jeanne d'Arc,* Otto Dix, the rumbling of American bombers flying over France during the first Gulf war, a painting by Zeno Diemer representing two zeppelins caught by spotlights on the English coast in 1915, the armored Solidos on metal tracks (AMX-13 Bi-Tubes, Tiger, Jagpanther), *The Deer Hunter*, the song "Aux morts" in the silence every November 11, Timisoara on television, the bullet holes in Dunkirk Cathedral, the bullet holes on Sacré-Cœur, the bullet holes in the Nicosia no-man's-land, *North*, Dinky Toy military vehicles, the portrait of Jean Moulin in "official dress," the first eyewitnesses of the genocides by the Khmer Rouge, Ratko Mladic on television, Airfix soldiers, the 11th

BCA, *Lily Marlene*, the screams of a woman, on the radio, after an assassination attempt by the OAS, the Lebanese war on television, "the war of 39—the war of 39–40—the Occupation—the war—the war of 40—39–40—the last war," *Leaves of Hypnos*, the veterans of Indo, the smell of canvas uniforms, the Sunday walks to Fort Roche-Lacroix, the trenches of bayonets with my parents, *Tomb for 500,000 Soldiers*, the crazily dented copper cartridge casings my grandmother used as flower pots, the tricolor flag, *Shoah*, *Paths of Glory*, the cattle cars, *Tora! Tora! Tora!,* Christian Boltanski, the anti-aerial battery on the roof of my hotel in Baghdad, my history teacher, deported to Dachau, who brought us his striped outfit, the broken mugs of vets, a Vauban Fort on the side of the road, my father's FFI armband, the images of Biafra in *Paris-Match*, the Eichmann trial, my parents' neighbor who made me listen to her military music, the Vercors Plateau, "war is nothing more than the continuation of politics by other means," *The*

Big Runaround, the stories of paratrooper drops, the Lutetia Hotel, the images of Vietnam at *Woodstock* ("give me an F, give me a U ..."), the bullet holes on the abandoned barracks of La Condamine, May 8 made a holiday by Giscard, the laying of wreaths on war memorials, the rows of assault tanks rusting in the suburbs of Baghdad, a veteran's helmet, *The Bridge on the River Kwai*, Fort Saint-Vincent-les-Forts where Jean Giono was interned in 1944, the checkpoint at Nicosia, my mother telling how she saw Goring's armored car pass in Bordighera, "The Deserter," General de Gaulle in the uniform of a general, *Apocalypse Now*, "War" on the front of *Liberation* at the launch of the Gulf war, *Johnny Got His Gun*, the Harkis in tents, the 12 gauge .22 automatic long rifle that a mercenary, returned from Katanga, wanted to sell to my father, Drancy, the little medallion portraits of those who died for France on some of the graves in the cemetery, the visit to Camp Matthausen in Austria, *La Question*, Indian battles in westerns,

"The Appeal of June 18" posted in my classroom, troop transport choppers in the shape of bananas, the "Chant des Partisans," my Joustra tank, the plaques on Parisian streets in memory of resistance fighters killed in the Liberation, the Intifada on television, Angola on television, my uncle Jean remembering two resistance fighters hung by the Germans, Place Massena, in Nice, my mother at 20 on the tanks of the Americans (chewing gum and Craven A), "Enter now, Jean Moulin, with your terrible cortege," Goya, *Kapo*, the Arenc station, the Douaumont ossuary, military surplus, the entry of Serbian troops into Srebrenica live on the radio, *Many Wars Ago*, my poster of Che Guevara, the GMC, some ration coupons my mother saved, *Sunday Bloody Sunday*, "Radio Paris lies / Radio Paris is German," the fall of Saigon and the image of helicopters on the roof of the U.S. Embassy, the Rethondes forest with my parents, *The Battle of the Rails*, Rwanda on television, the Italian blockhaus on the Cuneo road, Jerusalem artichokes and rutabagas, "Fabrice in Waterloo," the Starfix airplanes (Lightning, Mig 21, Stuka, Hawker Typhoon, Dornier), George Beraud disfigured by a grenade, Leopold Occelli in the STO in Germany, my cousin Felix killed before Stuttgart at the end of the month of April 1945, Marie Ponza wounded by a bullet as she brought supplies to the maquis, Leo Michel recounting the capture of Monte Cassino with the Goums, the Falkland war on television and the end of *Sheffield* hit by an Exocet on the front page of *Liberation*, the French forces in Germany, barbed wire, *Refusal to Obey*, Sarajevo and the return of the word "snipers," Vietnam (napalm, Rauschenberg, defoliant), having been the contemporary of Franco, *A Bridge Too Far*, the rumors about old collaborators, *The 317th Platoon*, some postcards of "destroyed villages" of the First World War, the game of Risk, the lines of white crosses in the American cemeteries in Normandy, Raul Hilberg's *The Destruction of the European Jews*, Loulou Boisrame killed beside my father during the liberation of Gap, the images of the bombing of the market in Sarajevo, "War. Comprehensive coverage" (*Los Angeles Times*, April 2003), the jamming of personal communications in films about the Occupation, the eyewitnesses from Sabra and Chatila, aunt Helene who was given a *tabac* as a war widow, the Scuds over Israel on television, the Poilu Lodge, *Sandinista*, the boat people, the little cross of Lorraine that my mother carried inside her jacket during the Occupation, a neighbor deafened by being an artilleryman in Indochina, *The Debacle*, "equilibrium-through-terror," Chechnya on television, "Les sanglots longs des violons de l'automne," Jo's U.N. blue beret, return from Lebanon, Starlux soldiers, the plaque affixed to a wall in my high school to the memory of several resistance fighters shot, the American invasion of Somalia live on television, my father's ear nicked by a German bullet, "War is over," *Storm of Steel*, Algerian conscripts, my father's modified MAS-36,

Night and Fog, Ground Zero...
Celluloid, clues, little stories.
Never not there never there.

(Translated by Pascale-Anne Brault and Sherry Brennan)

L'axe du bien

Nous sommes l'axe du bien. Nous faisons le bien et portons le bien au mal qui fait du mal au bien. Nous sommes l'axe du bien. Nous sommes l'axe du bien en lutte contre le mal. Contre l'axe du mal. L'axe du mal fait le mal où se trouve le bien. Nous sommes l'axe du bien en lutte contre le mal. L'axe du mal fait le mal au bien qui lutte contre le mal. Nous sommes les forces du bien pour le bien des forces du bien qui luttent afin de rétablir le bien de l'axe du mal. Nous sommes les forces du bien. Le mal de l'axe du mal fait mal au bien qui est le bien et nous devons lutter contre leur bien qui est le mal. Ils sont l'axe du mal. Nous sommes l'axe du bien. L'axe du mal porte le mal au bien qui est son mal. L'axe du bien porte le bien au mal qui est son mal. L'axe du bien porte le bien au bien du mal qui est son mal. Nous sommes les forces du bien et nous devons faire mal au mal pour le bien de l'axe du mal dont le bien est le mal. Nous sommes l'axe du bien. Ils sont l'axe du mal. Le bien voit que le mal est mal parce qu'il est le bien. Seul l'axe du mal fait le mal et veut du mal au bien ou ne veut pas de bien à ce qu'il pense être le mal et qui est le bien. Nous sommes le forces du bien en lutte contre les forces du mal qui veulent notre mal. Nous faisons mal aux forces de l'axe du mal pour notre bien car leur bien est notre mal et le bien est le mal que nous faisons à leur bien qui fait le mal au bien. Le bien triomphera des forces du mal. Le bien fera triompher le bien. Le bien fera triompher le bien des forces du bien. Le bien ne peut faire triompher le bien que parce qu'il est le bien. Nous sommes les forces du bien et nous devons faire mal à l'axe du mal. Au nom du bien. Contre le bien des forces du mal. Au nom du bien des forces du bien en lutte contre les forces du mal. Nous sommes les forces du bien. Ils sont les forces du mal. Nous sommes le bien et nous voulons du mal aux forces du mal qui nous veulent du mal. Nous sommes les forces du bien et nous voulons du mal aux forces du mal pour leur bien. Non sans mal. Le bien du mal est le mal. Le bien du bien est le bien. Le bien du bien est le mal pour le mal. Le mal du bien est encore le bien. Le bien de l'axe du mal est toujours le mal. Ils veulent du mal à notre bien qu'ils jugent être le mal et qui est le bien. Non sans mal. Nous sommes l'axe du bien. Nous voudrons du bien à l'axe du mal quand il sera devenu l'axe du bien. Non sans mal. Les forces du bien reconnaissent l'axe du mal à ce qu'il est le mal. Les forces du bien reconnaissent le mal à ce qu'il n'est pas le bien. Les forces du bien reconnaissent le mal à ce que l'axe du bien lui veut du mal. Les forces du bien sont le bien parce qu'en tant que forces du bien elles ne peuvent qu'incarner le bien. Non sans mal. L'axe du bien est le bien parce que l'axe du mal lui veut du mal. L'axe du bien fera triompher le bien des forces du mal parce qu'elles sont le mal et qu'il est le bien. Non sans mal.

février/mars 2003

辯解
正義的代表

我們是正義的代表。我們行善，因此讓邪惡得到
發展，因而傷害了善。我們是正義的代表。我
們是正義的代表，與邪惡鬥爭。對抗邪惡的一
方。邪惡勢力傷害正義的所在。我們是正義的代
表，與惡鬥爭。邪惡勢力傷害正義，而正是正義
在對抗邪惡。我們是正義的力量，為了正義力量
能壯大而鬥爭，也為了邪惡勢力能轉好。我們
是正義的力量。邪惡勢力的罪惡傷害正義並發展
膨脹，我們應該和這種發展進行鬥爭，因為這是
邪惡的。他們是邪惡的代表。我們是正義的代
表。邪惡的一方將惡帶給善，這是善所不喜歡
的。正義的一方將善帶給惡，這也是惡所不喜歡
的。正義的一方將善帶給惡中之善，這是他所不
喜歡的。我們是正義的力量，我們應該為了邪惡
勢力著想，去摧毀他們，因為他們的發展是邪惡
的。我們是正義的代表。他們是邪惡的代表。正
義能看清邪惡，因為他自身是正義的。只有邪惡
勢力會對他認定為邪惡的物件進行破害，詛咒或
不懷好意，而他們認定的對象就是正義。我們是

正義的力量，與對我們不懷好意的邪惡力量鬥爭。為了我們的發展，我們損害邪惡勢力的力量，因為他們的發展將是我們的不幸，而其中之大幸就是我們對他們造成的傷害，因為他們是邪惡的。善面對惡必將大獲全勝。善定會讓正義發揚光大。善定會讓正義的力量發揚光大。善必定毫無疑問會大獲全勝，因為善是正義的。我們是正義的力量，我們必須要破害邪惡勢力。以正義的名義。反對邪惡力量的發展。為了正義力量的壯大，與邪惡力量鬥爭。我們是正義的力量，而他們是邪惡的力量。我們是善，我們要破害邪惡的力量，因為他們想要傷害我們。我們是正義的力量，我們破害邪惡力量，都是為了他們好。沒有惡意。邪惡的膨脹是壞的。正義的壯大是好的。正義的發展，就是邪惡的敗壞。而正義的不幸，仍然是正義的。邪惡勢力的發展，必然還是邪惡的。他們想傷害我們的正義，因為他們恰恰認為我們的正義是邪惡的。沒有惡意。我們是正義的代表。等到邪惡勢力轉變為正義時，我們會對他充滿好意。沒有惡意。正義的力量能辨認出

邪惡勢力中的惡。正義的力量能辨認出誰是惡，
誰不是善。正義的力量能辨認出正義的一方想要
破害的邪惡勢力。正義的力量是善的，因為身
為正義力量，他只能代表善良和正義。 沒有惡
意。正義的一方是善的，因為邪惡勢力想要傷害
他。正義的代表定會大敗邪惡勢力，讓正義發揚
光大，因為對手是惡，而自己是善。沒有惡意。

2003 年2 月至3 月

（黃瑩雪　譯）

Justification
The Axis of Good

We are the axis of good. We do good and bring good to the evil who do evil to the good. We are the axis of good. We are the axis of good in the fight against evil. Against the axis of evil. The axis of evil does evil where good is found. We are the axis of good in the fight against evil. The axis of evil does evil to the good who fight against evil. We are the forces of good for the good of the forces of good who fight in the end to restore the good of the axis of evil. We are the forces of good. The evil of the axis of evil do evil to the good who are good and we must fight against their good which is evil. They are the axis of evil. We are the axis of good. The axis of evil brings evil to the good who are its evil. The axis of good brings good to the evil who are its evil. The axis of good brings good for the good of the evil who are its evil. We are the forces of good and we must do evil to evil for the good of the axis of evil whose good is evil. We are the axis of good. They are the axis of evil. The good sees that the evil is evil because it is good. Only the axis of evil does evil and wishes evil on the good or does not wish good to what it thinks to be evil and which is good. We are the forces of good in the fight against the forces of evil who wish us evil. We do evil to the forces of the axis of evil for our good because their good is our evil and the good is evil that we do for the good of those who do evil to the good. The good will triumph over the forces of evil. The good will make good triumph. The good will make the good of the forces of good triumph. The good can make good triumph only because it is good. We are the forces of good and we must do evil to the axis of evil. In the name of good. Against the good of the forces of evil. In the name of the good of the forces of good in the fight against the forces of evil. We are the forces of good. They are the forces of evil. We are good and we wish evil to the forces of evil who wish us evil. We are the forces of good and we wish evil to the forces of evil for their good. Though we are bedeviled. The good of the evil is evil. The good of the good is good. The good of the good is evil for the evil. The evil of the good is still good. The good of the axis of evil is always evil. They wish evil to our good which they judge to be evil and which is good. Though we are bedeviled. We are the axis of good. We will wish good to the axis of evil when it has become the axis of good. Though we are bedeviled. The forces of good recognize the axis of evil in that it is evil. The forces of good recognize the evil in that it is not good. The forces of good recognize the evil in that the axis of good wishes it evil. The forces of good are the good insofar as the forces of good can incarnate only good. Though we are bedeviled. The axis of good is the good because the axis of evil wishes it evil. The axis of good will make good triumph over the forces of evil because they are evil and it is the good. Though we are bedeviled.

February/March 2003

(Translated by Pascale-Anne Brault and Sherry Brennan)

menaces

Mieux vaut prévenir...

—Nous avons amassé des arbalétriers, des condottieri, des dragons, des commandos, nous avons amassé des centurions, des pandours, nous avons amassé des carlistes, des voltigeurs, des bérets verts, des archers, nous avons amassé des skinheads, des apaches, des marsouins, nous pouvons compter sur les armagnacs, sur les forces spéciales, sur les cipayes, sur les evzones, nous comptons sur les SAS, sur les camisards, sur la police militaire, nous pouvons compter sur les bloods et les creeps, nous avons amassé des lottas, des moudjahidins, des gardes suisses, des gorilles, nous avons avec nous les gardes nationales, nous avons amassé des cataphractaires, des croquants, des uhlans, des tanzimes, des hoplites, nous avons amassé des boxers, des cosaques, des gendarmes, des patriotes, des sous-mariniers, nous avons amassé aux frontières, à toutes les frontières des chouans, des bachi-bouzouks, des einsatzgruppen, des oustachis, des francs-tireurs, nous avons déployé des sonderkommandos, des confédéraux, nous pouvons compter sur les phalangistes, les reîtres, les martyrs d'Al-Aqsa, le gang des tractions avant, le gang Barrow, nous pouvons compter sur les gardes rouges, les tommies, les peshmergas, nous pouvons compter sur les bersagliers, les compagnons de Jéhu, les sentiers lumineux, nous avons amassé aux frontières des corsaires, des scouts, des horseguards, des tchetniks, des gardes civils, nous avons déployé des fedayins, des brigadistes, des lansquenets, des faucons, des rats du désert, des escadrons de la mort, nous avons amassé aux frontières des casques bleus, des FTP, des éclaireurs, des tirailleurs sénégalais, des fusilliers marins, des croisés, des SA, nous avons amassé des gardes du corps à cheval, des Viêt-congs, des royal marines, des chemises noires, des gardiens de la révolution, des communards, nous avons amassé aux frontières des mamelouks, des chemises rouges, des boucaniers, des chevau-légers, nous avons amassé des rangers tout le long de la frontière, des barbudos, des beefeaters, des licteurs tout le long de la frontière, nous avons disposé les spahis, les Égaux, les mamertins, le gang des postiches, le gang de la banlieue sud, le front Farabundo Marti, nous avons disposé Spiderman, Batman, Superman, tout le long de la frontière, nous avons regroupé les GIA, les gardes mobiles, nous avons regroupé les kataëbs, nous avons déployé des tontons macoutes, nous avons disposé Shreck, Hulk, Tarzan, tout le long de la frontière, nous pouvons compter sur Rintintin et sur Zorro, nous avons avec nous des tabors, des gurkhas, des unionistes, des colonnes infernales, nous avons déployé les zouaves tout le long de la frontière, nous avons déployé des chasseurs, des immunes, des gladiateurs, des harkis tout le long de la frontière, nous avons amassé des janissaires, des Khmers rouges, des templiers, des CRS, des bobies, des palikares, des samouraïs, des grenadiers, nous pouvons compter sur les bourguignons, sur les carbonari, sur le Ku Klux Klan, sur les chauffeurs du nord, nous pouvons compter sur les guelfes, sur les sapeurs, sur Cosa Nostra, sur la bande à Bonnot, nous pouvons compter sur les colonnes Durruti, nous avons déployé des méharistes, des hussites, des lanciers, nous avons disposé les ligueurs tout le long de la frontière, nous avons amassé les grognards, les FARC, les Cameron Highlanders, nous avons amassé les Tigres tamouls, les triades, les cuirassiers, nous avons amassé des gestapistes, des poilus, des mercenaires, des fantassins, nous avons amassé des vopos, nous avons déployé des SS, des fellaghas, des mousquetaires, des miliciens, nous avons déployé des fédérés, nous pouvons compter sur les chevaliers, sur les tueurs du Brabant, nous pouvons compter sur les GRAPO, sur les chasseurs alpins, sur les chimères, nous pouvons compter sur la LVF, nous avons amassé des GI's, des talibans, des tankistes, des sans-culottes, des artilleurs, des katangais, nous avons amassé des paras, des FFI, des marines, nous avons amassé des loups gris, des snipers, nous avons disposé à la frontière des turcos, des maquisards, des zapatistes, nous avons amassé des kamikazes, des Versaillais, nous avons amassé à la frontière des guerriers massaïs, des pionniers, des hallebardiers, des gibelins, nous avons amassé des légionnaires, nous avons amassé des goumiers.

—Des menaces ?

—Non, juste une mesure de précaution.

janvier/février 2003

威脅
最好提前有準備

——我們集結了弓弩手，雇傭軍長，龍騎兵，突擊隊，我們集結了古羅馬的百夫長，憲兵，集結了卡洛斯派，輕步兵，綠色貝雷帽，弓箭手，我們集結了光頭黨，惡棍還有海軍陸戰隊，我們可以指望阿爾瑪尼克人，指望特種部隊，印度兵，希臘步兵，我們可以指望英國特種空勤團，加爾文派的卡密紮爾，軍警，我們可以指望洛杉磯的街頭黨派，我們集結了芬蘭女兵，聖戰戰士，瑞士守衛，保鏢，我們還有國民守衛，我們集結了鐵甲騎士，鄉巴佬，波蘭輕騎兵，支麥特主義者，古希臘重裝步兵，我們還集結了拳擊手，哥薩克騎兵，憲兵，愛國者，潛水員，我們在邊境線上集結了所有的朱安黨人，巴什波祖克，別動隊，烏絲塔沙，在邊境線上我們集結了狙擊手，特別突擊隊，聯邦隊員，我們可以指望長槍黨員，騎兵，阿克薩清真寺的殉難者，前面的牽引黨派，巴羅黨，我們可以指望紅衛兵，英國托米士兵，庫爾德戰士，我們可以指望義大利皇家軍隊，耶戶的子臣，秘魯共產黨，我們在邊境線上集結了私掠許可證大軍，童子軍，英國皇家騎兵，南斯拉夫軍隊還有民兵，我們部署了巴基斯坦遊擊隊員，特警隊員，德國步兵，主戰派，沙漠之鼠，死亡部隊，我們在邊境線上集結了藍盔，法國共產黨抵抗組織，偵察兵，塞內加爾土步兵，海軍槍手，十字軍戰士，納粹衝鋒隊，我們集結了騎馬的保鏢，越共，英國皇家海軍陸戰隊，義大利黑衫黨人，革命衛士，巴黎公社社員，我們在邊境線上集結了馬木留克，泰國紅衫軍，海盜，輕騎兵，我們在邊境線上一排排地集結了美國陸軍遊騎兵、古巴的大鬍子們，倫敦塔衛兵，整個邊境線上，站滿了古羅馬的侍從官，土耳其的騎兵，平等派，馬邁爾丹，假髮黨，南郊黨，薩爾瓦多民族解放陣線，我們部署了蜘蛛俠，蝙蝠俠，超人，整條邊境線上重新結合了伊斯蘭武裝組織，機動衛士，我們重組了黎巴嫩長槍黨，部署了背包叔叔，怪物史瑞克，綠巨人，泰山，整條邊境線上，我們可以靠任丁丁和佐羅，我們還有塔波爾，郭爾克人，比利時統一黨人，地域縱隊，整條邊境線上部署了法屬北非輕裝步兵，獵手，角鬥士，阿爾及利亞老兵，整條邊境線上我們都集結了土耳其禁衛軍，赤棉，聖殿騎士團，法國共和治安部隊，博比，希臘青年獨立党，日本武士，投彈兵，勃艮第黨人，義大利燒炭黨，三K黨，北方縱火犯，歸爾浦派，消防員，義大利黑手黨，波諾黨，我們可以靠杜魯蒂縱隊，我們部署了駱駝隊，胡斯黨人，槍騎兵，整條邊境線上都部署了共產主義聯盟黨，我們集結了拿破崙衛隊，哥倫比亞人民軍，喀麥隆高地聯隊士兵，泰米爾猛虎軍，三合會，胸甲騎兵，我們集結了蓋世太保，法國軍，雇傭軍，步兵，東德員警，親衛軍，突尼斯軍，火槍手，反抵抗軍，我們部署了巴黎公社社員，我們可以指望騎士，布拉班特殺手，反法西斯抵抗團體，阿爾卑斯獵手，奇美拉，法國志願軍團，我們集結了美國軍隊，塔利班，坦克手，長褲漢，投石手，加丹加人，我們集結了跳傘隊，法國國內武裝部隊，海軍，土耳其灰狼，狙擊手，我們還在邊境線上部署了阿爾及利亞步兵，抗德遊擊隊員，薩帕塔解放軍，日本神風敢死隊，凡爾賽軍，我們在邊境線上集結了非洲馬薩伊戰士，先驅者，斧槍手，皇黨派，我們集結了外籍軍團士兵，摩洛哥士兵。

—— 威脅嗎？

—— 不，只是以防萬一。

2003 年 1 月至 2 月

(黃瑩雪　譯)

Threat

Ounce of Prevention...

—We have amassed cross-bowmen, condottiere, dragoons, commandos, we have amassed centurions, pandours, we have amassed carlists, light infantry, green berets, archers, we have amassed skinheads, apaches, jarheads, we can count on the armagnacs, on the special forces, on the sepoys, on the evzones, we count on the SAS, on the camisards, on the military police, we can count on the bloods and the creeps, we have amassed lottas, mujaheddin, swiss guards, gorillas, we have with us the national guards, we have amassed cataphractaires, croquants, uhlans, tanzimes, hoplites, we have amassed boxers, cossacks, gendarmes, patriots, submarine forces, we have amassed on the borders, on all the borders, chouans, bashi-bazouks, einsatzgruppen, oustachi, franc-tireurs, we have deployed sonderkommandos, confederates, we can count on the phalangists, the reiters, the martyrs of al-Aqsa, the front-wheel drive gang, the Barrow gang, we can count on the red guard, the tommies, the peshmergas, we can count on the bersaglieri, the companions of Jehu, the shining path, we have amassed corsairs at the borders, scouts, horse guards, tchetniks, gardes-civils, we have deployed fedayeen, brigadiers, lansquenets, falcons, desert rats, death squads, we have amassed blue berets at the borders, FTP, boy scouts, Senegalese infantry, marines, crusaders, SA, we have amassed mounted bodyguards, Vietcong, royal marines, blackshirts, guardians of the revolution, communards, we have amassed mamelukes at the borders, redshirts, buccaneers, household cavalry, we have amassed rangers all along the border, barbudos, beefeaters, lictors all along the border, we have ranged the spahis, the Égaux, the mamertins, the toupee gang, the gang of the south suburbs, the Farabundo Marti front, we have ranged Spiderman, Batman, Superman, all along the border, we have regrouped the GIA, the gardes mobiles, we have regrouped the kataebs, we have deployed tonton macoutes, we have ranged Shrek, the Hulk, Tarzan all along the border, we can count on Rintintin and on Zorro, we have with us tabors, gurkhas, unionists, infernal columns, we have deployed the zouaves all along the border, we have deployed huntsmen, immunes, gladiators, harkis all along the border, we have amassed janissaries, Khmer rouge, knights templar, riot police, bobbies, polikars, samurai, grenadiers, we can count on the burgundians, on the carbonari, on the Ku Klux Klan, on the chauffeurs of the north, we can count on the guelfs, on the sapeurs, on Cosa Nostra, on the Bonnot gang, we can count on the Durruti columns, we have deployed méharistes, hussites, lancers, we have ranged the catholic leagues all along the border, we have amassed the grognards, the FARC, the Cameron Highlanders, we have amassed the tamil Tigers, the triads, the cuirassiers, we have amassed gestapo, poilu, mercenaries, fantassins, we have amassed vopos, we have deployed SS, fellaghas, musketeers,

militiamen, we have deployed federates, we can count on the knights, on Brabant's murderers, we can count on the GRAPO, on the alpine huntsmen, on the chimera, we can count on the LVF, we have amassed GI's, taliban, tank units, sans-culottes, artillerymen, katanga, we have amassed paras, FFI, navy seamen, we have amassed grey wolves, snipers, we have ranged turks at the border, maquis, zapatistas, we have amassed kamikaze, Versailles loyalists, we have amassed masai warriors on the border, pioneers, halberdiers, ghibellines, we have amassed French foreign legionnaires, we have amassed goumiers.
—Threat?
—No, just a precautionary measure.

January/February 2003

(Translated by Pascale-Anne Brault and Sherry Brennan)

De la guerre civile

Les amis de mes amis sont mes amis
Les amis de mes ennemis sont mes ennemis
Les ennemis de mes amis sont mes ennemis
Les ennemis de mes ennemis sont mes amis
(J'aimerais ne pas avoir à vous le répéter)

Les amis des amis de mes amis sont mes amis
Les amis des amis de mes ennemis sont mes ennemis
Les ennemis des ennemis de mes ennemis sont mes
    ennemis
Les ennemis des ennemis de mes amis sont mes amis
Les amis des ennemis de mes ennemis sont mes amis
Les amis des ennemis de mes amis sont mes ennemis
Les ennemis des amis de mes amis sont mes ennemis
Les ennemis des amis de mes ennemis sont mes amis
(Je n'aimerais pas avoir à vous le répéter)

Les amis des amis des amis de mes amis sont mes amis
Les amis des amis des amis de mes ennemis sont mes
    ennemis

Les ennemis des ennemis des ennemis de mes
  ennemis sont mes amis
Les amis des amis des ennemis de mes ennemis sont
  mes amis
Les amis des amis des ennemis de mes amis sont mes
  ennemis
Les ennemis des ennemis des ennemis de mes amis
  sont mes ennemis
Les ennemis des ennemis des amis de mes amis sont
  mes amis
Les amis des ennemis des amis de mes ennemis sont
  mes amis
Les amis des ennemis des ennemis de mes ennemis
  sont mes ennemis
Les ennemis des ennemis des amis de mes ennemis
  sont mes ennemis
Les ennemis des amis des amis de mes amis sont mes
  ennemis
Les ennemis des amis des ennemis de mes amis sont
  mes amis

Les amis des ennemis des ennemis de mes amis sont
mes amis

Les amis des ennemis des amis de mes amis sont mes
ennemis

Les ennemis des amis des ennemis de mes ennemis
sont mes ennemis

Les ennemis des amis des amis de mes ennemis sont
mes amis

(J'aimerais avoir à ne pas vous le répéter)

Les amis des amis des amis des amis de mes amis
sont mes amis

Les amis des amis des amis des amis de mes ennemis
sont mes ennemis

Les ennemis des ennemis des ennemis des ennemis
de mes ennemis sont mes ennemis

Les ennemis des ennemis des ennemis des ennemis
de mes amis sont mes amis

Les amis des amis des amis des ennemis de mes
ennemis sont mes amis

Les amis des amis des ennemis des ennemis de mes
ennemis sont mes ennemis

Les ennemis des ennemis des ennemis des amis de
mes amis sont mes ennemis

Les ennemis des ennemis des amis des amis de mes
amis sont mes amis

Les amis des ennemis des ennemis des ennemis de
mes ennemis sont mes amis

Les amis des amis des ennemis des amis de mes amis
sont mes ennemis

Les ennemis des amis des amis des amis de mes amis
sont mes ennemis

Les ennemis des amis des ennemis des amis de mes
ennemis sont mes ennemis

Les ennemis des ennemis des amis des ennemis de
mes ennemis sont mes amis

Les amis des ennemis des amis des ennemis de mes
amis sont mes amis

Les amis des ennemis des amis des amis de mes
ennemis sont mes amis

Les amis des ennemis des amis des ennemis de mes
ennemis sont mes ennemis

Les ennemis des amis des amis des ennemis de mes
amis sont mes amis

Les amis des ennemis des ennemis des ennemis de
mes amis sont mes ennemis

Les ennemis des amis des ennemis des ennemis de
mes amis sont mes ennemis

Les ennemis des amis des ennemis des amis de mes
amis sont mes amis

Les amis des ennemis des ennemis des amis de mes
ennemis sont mes ennemis

Les ennemis des ennemis des ennemis des amis de
mes ennemis sont mes amis

Les amis des amis des amis des ennemis de mes amis
sont mes ennemis

Les ennemis des amis des amis des amis de mes
ennemis sont mes amis

Les amis des amis des amis des ennemis de mes amis
sont mes ennemis

(Je n'aimerais pas ne pas avoir à ne pas vous le répéter)

內戰

我朋友們的朋友們是我的朋友
我敵人們的朋友們是我的敵人
我朋友們的敵人們是我的敵人
我敵人們的敵人們是我的朋友
　（但願我不必給您重複一遍）

我朋友們的朋友們的朋友們是我的朋友
我敵人們的朋友們的朋友們是我的敵人
我敵人們的敵人們的敵人們是我的敵人
我朋友們的敵人們的敵人們是我的朋友
我敵人們的敵人們的朋友們是我的朋友
我朋友們的敵人們的朋友們是我的敵人
我朋友們的朋友們的敵人們是我的敵人
我敵人們的朋友們的敵人們是我的朋友
　（但願我不必給您重複一遍）

我朋友們的朋友們的朋友們的朋友們是我的朋友
我敵人們的朋友們的朋友們的朋友們是我的敵人
我敵人們的敵人們的敵人們的敵人們是我的朋友
我敵人們的敵人們的朋友們的朋友們是我的朋友

我朋友們的敵人們的朋友們的朋友們是我的敵人
我朋友們的敵人們的敵人們的敵人們是我的敵人
我朋友們的朋友們的敵人們的敵人們是我的朋友
我敵人們的朋友們的敵人們的朋友們是我的朋友
我敵人們的敵人們的敵人們的朋友們是我的敵人
我敵人們的朋友們的敵人們的敵人們是我的敵人
我朋友們的朋友們的朋友們的敵人們是我的敵人
我朋友們的敵人們的朋友們的敵人們是我的朋友
我朋友們的敵人們的敵人們的朋友們是我的朋友
我朋友們的朋友們的朋友們的朋友們是我的敵人
我敵人們的敵人們的朋友們的敵人們是我的敵人
我敵人們的朋友們的朋友們的敵人們是我的朋友
（但願我不必給您重複一遍）

我朋友們的朋友們的朋友們的朋友們的朋友們是
　　我的朋友
我敵人們的朋友們的朋友們的朋友們的朋友們是
　　我的敵人
我敵人們的敵人們的敵人們的敵人們的敵人們是
　　我的敵人

我朋友們的敵人們的敵人們的敵人們的敵人們是
　　我的朋友
我敵人們的敵人們的朋友們的朋友們的朋友們是
　　我的朋友
我敵人們的敵人們的敵人們的朋友們的朋友們是
　　我的敵人
我朋友們的朋友們的敵人們的敵人們的敵人們是
　　我的敵人
我朋友們的朋友們的朋友們的敵人們的敵人們是
　　我的朋友
我敵人們的敵人們的敵人們的敵人們的朋友們是
　　我的朋友
我朋友們的朋友們的敵人們的朋友們的朋友們是
　　我的敵人
我朋友們的朋友們的朋友們的朋友們的敵人們是
　　我的敵人
我敵人們的朋友們的敵人們的朋友們的敵人們是
　　我的敵人
我敵人們的敵人們的朋友們的敵人們的敵人們是
　　我的朋友

我朋友們的敵人們的朋友們的敵人們的朋友們是
　　我的朋友
我敵人們的朋友們的朋友們的敵人們的朋友們是
　　我的朋友
我敵人們的敵人們的朋友們的敵人們的朋友們是
　　我的敵人
我朋友們的敵人們的朋友們的朋友們的敵人們是
　　我的朋友
我朋友們的敵人們的敵人們的敵人們的朋友們是
　　我的敵人
我朋友們的敵人們的敵人們的朋友們的敵人們是
　　我的敵人
我朋友們的朋友們的敵人們的朋友們的敵人們是
　　我的朋友
我敵人們的朋友們的敵人們的敵人們的朋友們是
　　我的敵人
我敵人們的朋友們的敵人們的敵人們的敵人們是
　　我的朋友
我朋友們的敵人們的朋友們的朋友們的朋友們是
　　我的敵人

我敵人們的朋友們的朋友們的朋友們的敵人們是
　　我的朋友
我朋友們的敵人們的朋友們的朋友們的朋友們是
　　我的敵人
（但願我不必給您重複一遍）

（黃瑩雪　譯）

On Civil War

My friends' friends are my friends
My enemies' friends are my enemies
My friends' enemies are my enemies
My enemies' enemies are my friends
(And don't make me say it again)

My friends' friends' friends are my friends
My enemies' friends' friends are my enemies
My enemies' enemies' enemies are my enemies
My friends' enemies' enemies are my friends
My enemies' friends' enemies are my friends
My friends' friends' enemies are my enemies
My friends' enemies' friends are my enemies
My enemies' enemies' friends are my friends
(And do make me not say it again)

My friends' friends' friends' friends are my friends
My enemies' friends' friends' friends are my enemies
My enemies' enemies' enemies' enemies' are my friends
My enemies' enemies' friends' friends are my friends

My friends' enemies' friends' friends are my enemies
My friends' enemies' enemies' enemies are my enemies
My friends' friends' enemies' enemies are my friends
My enemies' friends' enemies' friends are my friends
My enemies' enemies' enemies' friends are my enemies
My enemies' friends' enemies' enemies' are my enemies
My friends' friends' friends' enemies are my enemies
My friends' enemies' friends' enemies are my friends
My friends' enemies' enemies' friends are my friends
My friends' friends' enemies' friends are my enemies
My enemies' enemies' friends' enemies' are my enemies
My enemies' friends' friends' enemies are my friends
(And don't make me do say it again)

My friends' friends' friends' friends' friends are my friends
My enemies' friends' friends' friends' friends are my enemies
My enemies' enemies' enemies' enemies' enemies are my enemies
My friends' enemies' enemies' enemies' enemies are my friends
My enemies' enemies' friends' friends' friends are my friends
My enemies' enemies' enemies' friends' friends are my enemies

My friends' friends' enemies' enemies' enemies are my enemies
My friends' friends' friends' enemies' enemies are my friends
My enemies' enemies' enemies' enemies' friends are my friends
My friends' friends' enemies' friends' friends are my enemies
My friends' friends' friends' friends' enemies are my enemies
My enemies' friends' enemies' friends' enemies are my enemies
My enemies' enemies' friends' enemies' enemies are my friends
My friends' enemies' friends' enemies' friends are my friends
My enemies' friends' friends' enemies' friends are my friends
My enemies' enemies' friends' enemies' friends are my enemies
My friends' enemies' friends' friends' enemies are my friends
My friends' enemies' enemies' enemies' friends are my enemies
My friends' enemies' enemies' friends' enemies are my enemies
My friends' friends' enemies' friends' enemies are my friends
My enemies' friends' enemies' enemies' friends are my enemies
My enemies' friends' enemies' enemies' enemies are my friends
My friends' enemies' friends' friends' friends are my enemies
My enemies' friends' friends' friends' enemies' are my friends
My friends' enemies' friends' friends' friends' are my enemies
(And do not don't make me do say it again)

(Translated by Guy Bennett)

揚·米歇爾·埃斯比達列，生於1957年，擅長各種樂器，不斷創新語言行為模式，挑戰語言的界限。他曾創辦《Java》雜誌，並在《文學》（*littéraire*）雜誌編輯「新法文詩歌」專號。曾出版數本書，包括非常具爭議性的《碎片：當代法文詩歌選》（2000）和《工具箱：當代法文詩歌全景》（2006）。他的詩集《埃斯比達列理論》出版於2003年，其英譯本出版於2005年；《屠夫夢幻》出版於2001年，其英譯本出版於2003年。埃斯比達列從事各種多媒體創作，包括聲音、視頻、音樂等。他也曾任多支朋克搖滾樂隊的鼓手，並經常在法國及國外舉行詩歌朗誦會、講座和表演。

Jean-Michel Espitallier (born 1957) works along constantly renewed modes of action to create new vocabularies and test the limits of language. As co-founder of the journal *Java* and coordinator of the issue about "New French Poetry" in the magazine *littéraire* (March 2001), he is also the author of several books including the very controversial *Pièces detaches: une anthologie de la poésie française aujourd'hui* translated into English as *Bits and Pieces: An Anthology of French Poetry Today* (2000) and *Caisse à outils: un panorama de la poésie française aujourd'hui* (*Tool Box: A Panorama of French Poetry Today*, 2006). His *Le Théorème d'Espitallier* (2003) was translated into English by Guy Bennett (*Espitallier's Theorem*, 2005) while *Fantaisie bouchère* (2001) was translated by Sherry Brennan (*Butcher's Fantasy*, 2003). He works on various multimedia projects, is a drummer for a punk-rock band, and gives readings, performances and lectures in France and abroad.

出版 Publisher
香港中文大學出版社 The Chinese University Press

封面影像 Cover Image
北島 Bei Dao

出版日期 Date of Publication
二零一五年十一月 November 2015

國際書號 ISBN
978- 962- 996- 738- 3

香港國際詩歌之夜 2015 International Poetry Nights in Hong Kong 2015
主辦單位 Organizer
香港中文大學文學院 Faculty of Arts, The Chinese University of Hong Kong

協辦單位 Co-organizers
香港中文大學中國文化研究所
Institute of Chinese Studies, The Chinese University of Hong Kong
香港中文大學出版社 The Chinese University Press
香港兆基創意書院 HKICC Lee Shau Kee School of Creativity
廣州時刻文化傳播有限公司 Moment Communications

贊助 Sponsors
香港法國文化協會 Alliance Française de Hong Kong
上海廿一文化發展有限公司 Shanghai 21 Culture Promotion Co., Ltd.
中國會 The China Club
香港文學出版社有限公司 The Hong Kong Literary Press Co. Limited
斑馬谷文化發展 (北京) 有限公司 Zebra Valley Culture Development

Printed in Hong Kong